석당 윤석구 시집

흰머리소년의 끄적끄적

석당 윤석구 시집

흰머리소년의 끄적끄적

여는 글

살아보니
예쁜 언어를 만났을 때가
가장 반갑고 즐겁고 행복했더라
그래서 나도
누군가에게 그런 언어를 선택해
기쁘게 해 주고 싶어
찾아보았다
어릴 적 가을 추수 논에
아버지따라 이삭을 줍던 그때 동심처럼
그래 보았다
꽃을 만나면 금세 좋은데 금세 잊는데
그러나
언어는 파장을 일으켜
오래 기억하게 하며 즐겁게 하더라
선택한 언어들이
몇 개라도 좋아해 주었으면 좋겠다

김윤지 작가 x 석당 윤석구
Calligraphy

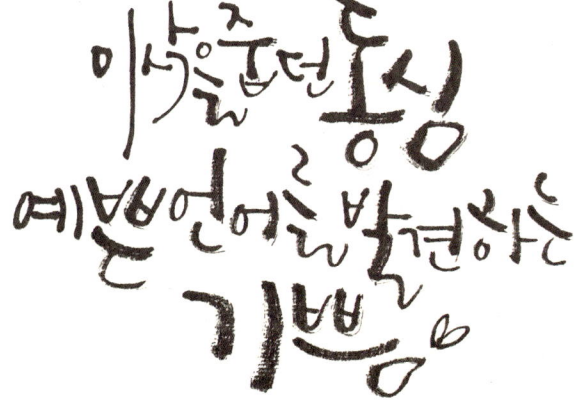

마음을 울리던 동시
예쁜언어를 발견하는
기쁨

Editor's page

끄적끄적
무엇인가를 끄적일 수 있다는 것은,
내 안에 꺼낼 무엇인가가 있다는 것이다.

흥얼흥얼
무엇인가를 흥얼거릴 수 있다는 것은,
내게 무엇인가를 꺼낼만한 열정이 있다는 것이다.

머리에 곱게 은발의 면류관을 허락한
80세 넘은 지은이를 마주했을 때,
나는 그 안에 있는 이야기가 흥미로웠다.

이름을 대면 알만한 기업을 이끌어 오시던 분이,
삶에서 동요를 만나고
자신 안의 소년이 깨어남을 발견했다.
지은이는 그 소년을 외면하지 않고 받아들였다.

현장의 자리에서 물러나면서도 두려워하지 않았다.
기업 CEO로서 윤석구의 나이는 은퇴를 말했지만,
깨어난 소년 윤석구는 이제 새 일을 시작했기 때문이다.

경기도 이천에 자리를 잡고, 소년은 열정을 피워냈다.
동요로 표현되기 시작한 문학적 감성은
동시가 되었고, 시가 되었다.

흥얼흥얼 거리다 보니, 동요할아버지가 되어 있었다.
젊은 시절, 자신이 살아왔던 것처럼
치열하게 살아내야 하는 이 세상에서
먼저 은발을 맞이한 사람으로서 아이들에게
행복한 삶의 태도와 마음가짐을 알려주고 싶었다.
그리고 아이들이 "동요할아버지!"라고
불러주는 것이 최고의 선물이 되었다.

끄적끄적거리다 보니, 흰머리 소년이 되어 있었다.
'늙어가는 길'이라는 시를 썼다.
자신의 늙어감을 억울해하지 않았다.

있는 그대로 자신의 늙어감을 덤덤하게
써 내려간 글을 사람들이 읽어주었다.
지은이는 그렇게 누군가 자신의 시를 읽고,
써주는 것을 기뻐하는 시인이 되었다.

이번 시집은,
윤석구 시인이 그동안 썼던 시를 포함한
동시를 선별하여 엮어내면서 어른과 아이들이 모두
읽고 따라 쓰는 것이 가능한 시집으로 기획되었다.
지역에서 활동하는 두 캘리그라피 작가를 발굴하여,
그들에게 자신의 시를 통해
필체를 선보일 기회도 주었다.

"흰머리 소년의 끄적끄적"은
늙어가는 길을 걷는 한 어른의 반짝이는 이야기다.
작은 출판사에서
겁도 없이 시집을 출판하기로 결정한 것도,
이 시집이 문학적으로 평가받아야 하는
작품이라기보다는,

흰머리이지만, 소년의 감성을 지닌
할아버지이지만, 누구보다 동요를 사랑하는
한 사람의, 반짝이는 이야기라고 여겨졌기 때문이다.

부디, 이 시집을 마주하는 모든 분들도
흰머리 소년처럼, 자신의 삶 안에
반짝이는 것들을 발견하게 되기를 기도한다.

editor. 김윤지

차례

contents

	여는 글	4
	Editor's page	6
Chapter 1	가을 바람	16
캘리그래피 김윤지 작가	겨울 바람	18
×	겨울밤	20
석당 윤석구	군밤 냄새	22
	김장 시장에서	24
	까불고 싶다	26
	까치 밥	28
	깔깔거리고 싶다	30
	꽃이 사랑받는 건	32
	끄적끄적	34
	눈 꽃	36
	눈이 내리면	38
	늙어가는 길	40

단풍	44
단풍잎 하나가	46
못 말려	48
민들레	50
발자국으로 쓰는 글	52
벚꽃	54
벚꽃같이	56
벚꽃 야경	58
벚꽃 필 때면	60
별똥별	62
봄이 왜 짧은가 했더니	64
부부 싸움	66
뻥 같은데요	68
산청골의 홍시	70
샘을 내요	72
서시	74

	선풍기 바람	76
	손님	78
	엄마 생각	80
	우와!	82
	여름 소나기	84
	줄넘기	86
	지리산 계곡에서	88
	엄마의 가슴	90
	참 미련한 놈아	92
	칭찬	94
	할아버지 은어	96
	해바라기	98
	흥얼흥얼	100
Chapter 2	6월이 오면	105
캘리그래피 조기종 작가	가을편지	107
×	고독	109
석당 윤석구	그냥 쓴다	111

그대 누구이기에	112
그대는 몰랐어	115
꿈도 허락받나	117
나의 시어들	119
너 때문이야	121
민들레 꽃	123
봄바람	125
살아보니	127
잃어버린 추억	129
종이학	131
짝사랑 1	133
처음은 그런 건가요	134
첫눈	137
커피가 그리운 날	139
하얀 마후라	140

흰머리소년의
끄적끄적

chapter 1

캘리그래피
김윤지 작가

×

석당 윤석구

가을 바람

가을이 되니

바람도 외로운지
달랑거리는
잎새 하나마저도
떨어뜨리려고
이리저리
공놀이하듯 갖고 논다

그래
겨울이 오면
그것도 못한다

김윤지 작가 x 석당 윤석구
Calligraphy

Chapter 1

겨울 바람

너는
왜,
겨울만 되면
그렇게 차갑고
쌀쌀맞게 대하니?

아이구
몰라
겨울만 되면
나도 몸이 꽁꽁 얼어서
정신없어

김윤지 작가 x 석당 윤석구
Calligraphy

Chapter 1

겨울밤

문풍지는
떨다가 울고
애기는
울다가 웃는다
아빠가
가지고 온
군밤 봉지 보고

김윤지 작가 x 석당 윤석구
Calligraphy

군밤 냄새

벽난로
위로
피어오르는
아지랑이
같은
겨울이야기

김윤지 작가
Calligraphy
x
석당 윤석구

군밤행서

Chapter 1

김장 시장에서

총각 무 하나가
장가도 못 간
늙은 총각처럼
남루하다
처녀 배추 기다리다
저리 되었나

김윤지 작가 x 석당 윤석구
Calligraphy

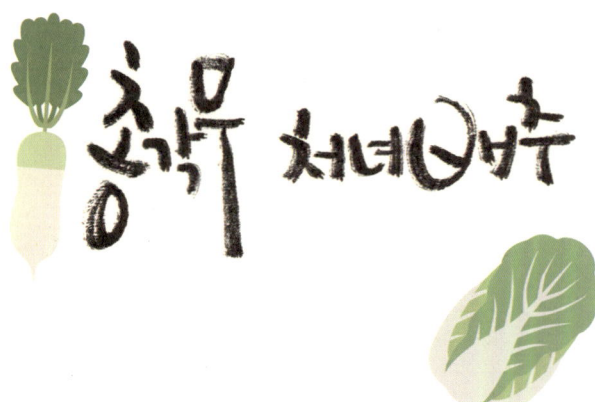

총각무 처녀배추

Chapter 1

까불고 싶다

노인이 되었는데도
그렇다
어려서 어른들한테
까분다고
야단맞아
실컷 못 놀아서
그럴까
장난치고 싶은 충동이
자주 일어난다
그럴 때마다
나는 기분이 좋다
오늘도
나는 아이들과
놀고 싶다

김윤지 작가 x 석당 윤석구
Calligraphy

오늘도 나는
아이들과 놀고 있다.

까치 밥

우리 집 감나무
하나
맨 꼭대기
홍시 한 개
참 먹음직스럽다
침이 꼴깍 넘어가게
그런데 그런데
그건 그건
주인이 까치란다

김윤지 작가 x 석당 윤석구
Calligraphy

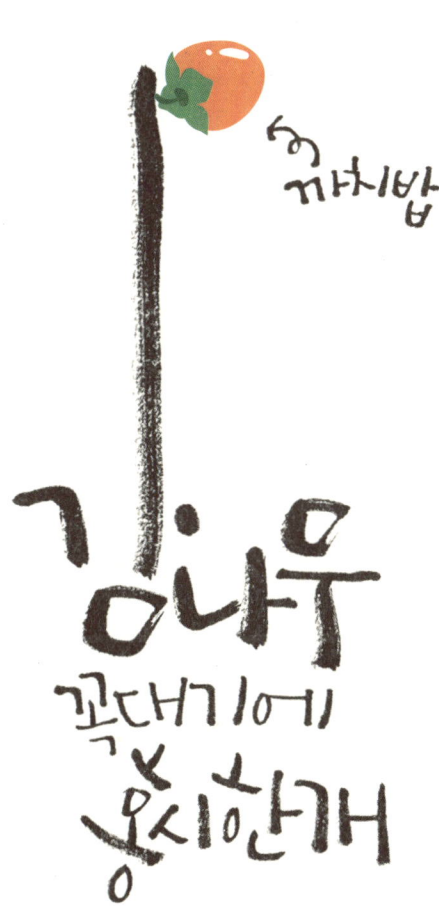

깔깔거리고 싶다

자지러지게
한바탕 깔깔거리며
웃는 것이
누구의 전유물도
아닌데 왜, 남자들은
참는가
점잔 떠느니
나는 터지면 그냥
깔깔거리기로 했다
생각만 해도 통쾌하다
건강비법이
따로 있나

김윤지 작가 x 석당 윤석구

Calligraphy

갈깔갈깔깔 깔깔깔깔깔깔깔
깔깔깔깔깔깔깔
깔깔깔깔깔깔
깔깔깔깔깔깔깔
깔깔깔깔깔깔깔
깔깔깔깔깔깔깔
깔깔깔깔깔깔깔깔

꽃이 사랑받는 건

사람들은
꽃을
차별해도
꽃은
사람들을
차별하지 않더라

김윤지 작가 x 석당 윤석구
Calligraphy

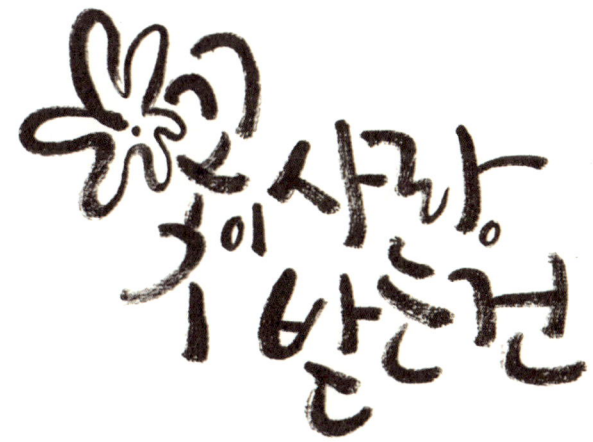

Chapter 1

끄적끄적

초등시절
하굣길
시냇가
모래언덕에서
끄적끄적
써놓은 동시
어머나
어떻게 살아왔는지
내게 달려와
내손 잡아끄네

김윤지 작가
Calligraphy

x

석당 윤석구

흰머리소년의 끄적끄적

Chapter 1

눈 꽃

꽃보다
아름답다고
야단들이다
땅속
꽃씨들이 들으면
어쩌려고
저러나

김윤지 작가 x 석당 윤석구
Calligraphy

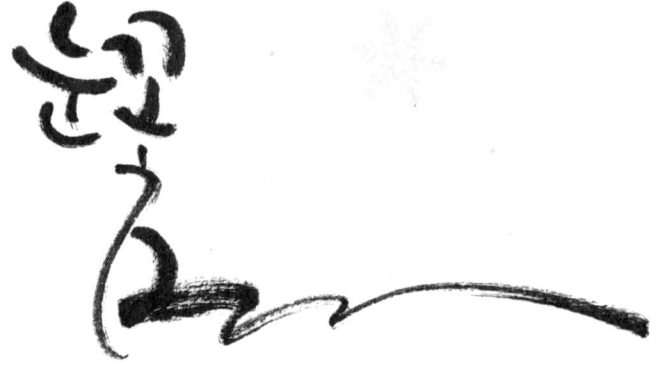

눈이 내리면

사륵 사륵
밤새 내려준
하늘 도화지에
참새 한 마리
삐뚤 삐뚤
써 놓고 간 편지
짝꿍 참새 날라와
빠뚤 빠뚤
답글 써 놓았다
할아버지
도무지 모르겠다
두런두런 거리더니
빗자루로
몽땅
지워 버리고 있네

김윤지 작가 x 석당 윤석구
Calligraphy

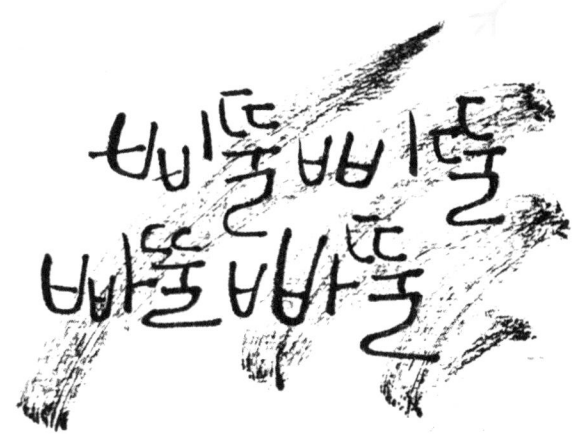

삐뚤빼뚤
빼뚤빠뚤

늙어가는 길

늙어가는 길은
누구나 처음 가는 길입니다
한 번도 가본 적이 없는 길입니다

무엇하나 처음 아닌 길은 없지만
늙어가는 이 길은
몸과 마음도 같지 않고
방향 감각도 매우 서툴기만 합니다

가면서도 이 길이 맞는지
어리둥절할 때가 많습니다.

때론 두렵고 불안한 마음에
멍하니 창밖만 바라보곤 합니다

시리도록 외로울 때도 있고
아리도록 그리울 때도 있습니다

어린 적 처음 길은
호기심과 희망이 있었고,
젊어서의 처음 길은
설렘으로 무서울 게 없었는데,

처음 늙어가는 이 길은
너무나 어렵습니다

언제부턴인가 지팡이가 절실하고
애틋한 친구가 그리울 줄은 정말 몰랐습니다

그래도 가다 보면
혹시나 가슴 뛰는 일이 없을까 하여
노욕인 줄 알면서도
두리번 두리번 찾아 봅니다.

앞길이 뒷길보다 짧다는 걸 알기에
한발 한발 더디게 걸으면서 생각합니다

아쉬워도 발자국 뒤에 새겨지는
뒷 모습만은 노을처럼 아름답기를
소망하면서 황혼 길을 천천히 걸어갑니다

꽃보다 곱다는 단풍처럼
해돋이 못지 않은 저녁 노을처럼
아름답게 아름답게 걸어가고 싶습니다

김윤지 작가 x 석당 윤석구
Calligraphy

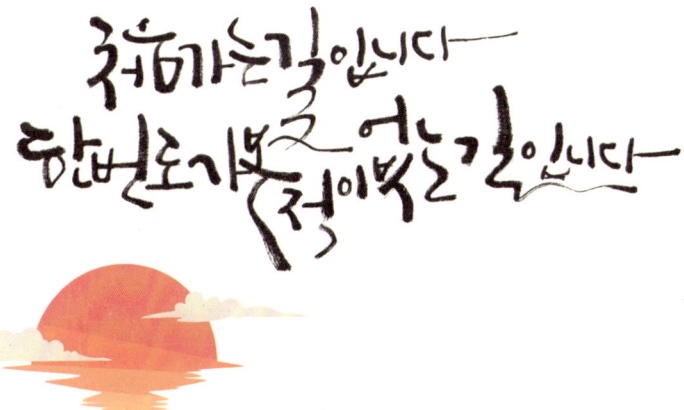

처음가는길입니다
한번도가본적이없는길입니다

단풍

아름답다는
말을
귓속말로 했다
꽃들이
샘 낼까 봐

김윤지 작가
Calligraphy
x
석당 윤석구

아름답다. 너, 단풍!

단풍잎 하나가

벌레 먹은
자리가
얼마나 아팠으면
저리도록
빨갛게
멍이 들어갔을까

김윤지 작가 x 석당 윤석구
Calligraphy

벌레먹은 자리가 얼마나 아팠으면...

Chapter 1

못 말려

암탉은
알을 낳고
조용히 있는데
수탉이
요란스럽게
호들갑을 떨고 있다
저놈은
암놈이 알을 날 때면
꼭 저래

김윤지 작가　x　석당 윤석구
Calligraphy

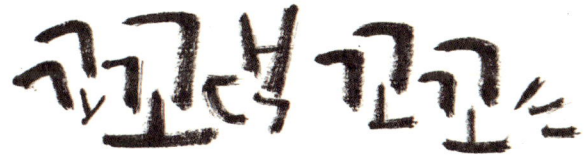

Chapter 1

민들레

너, 참
예쁘다
화장품 냄새가
없으니
더
예쁘구나

김윤지 작가 x 석당 윤석구

Calligraphy

발자국으로 쓰는 글

할머니 할아버지가
걸어간다

할머니는 비틀 비틀
할아버지는 뒤뚱뒤뚱

길 위에서 쓰면서 지우는
캘리그라피 연습

김윤지 작가 x 석당 윤석구
Calligraphy

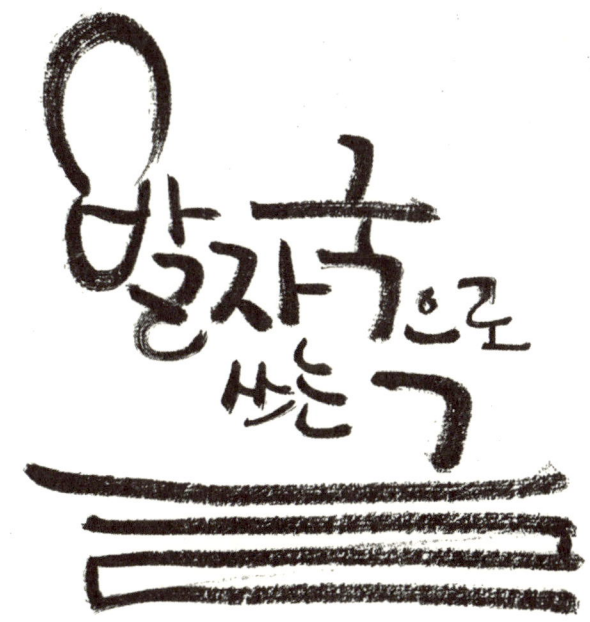

Chapter 1

벚꽃

얼마나
좋
아
서
저렇게
크게 웃는거야
침
튀겠다

김윤지 작가
Calligraphy x 석당 윤석구

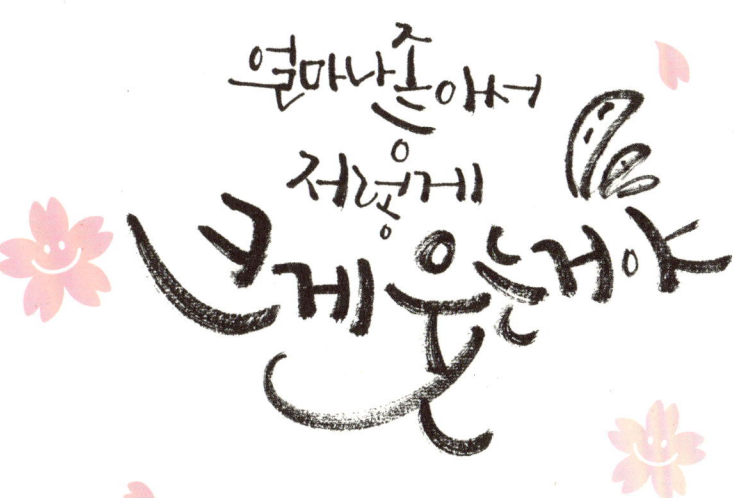

엄마 낳은 애서
저렇게
브케웃는거야

벚꽃같이

한번에
다

저렇게
하고
싶
다
나도
사
랑
을
한다면

김윤지 작가 　x　 석당 윤석구
Calligraphy

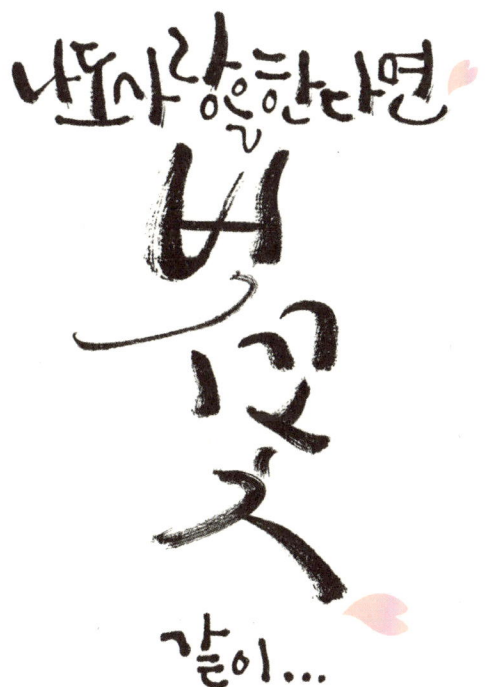

나도사랑을한다면
벚꽃
같이...

Chapter 1

벚꽃 야경

참, 좋다
좋다
그
냥
너무 좋다

김윤지 작가 x 석당 윤석구
Calligraphy

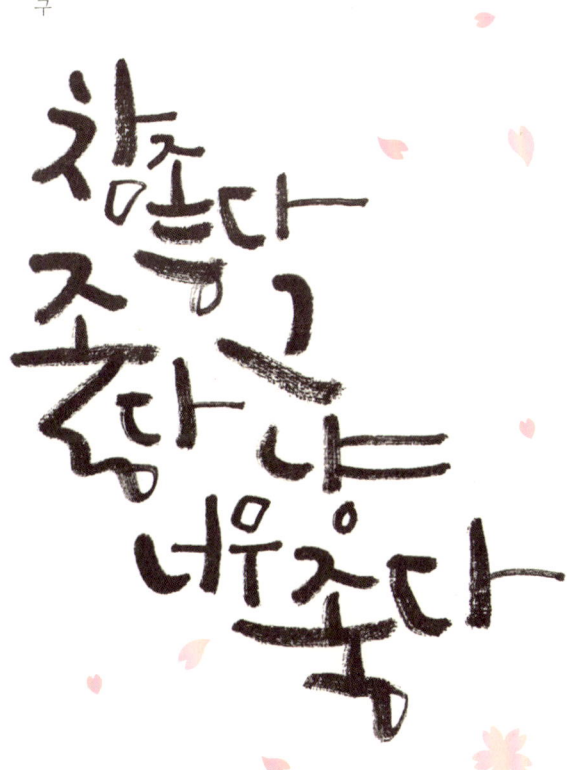

벚꽃 필 때면

눈길만 주어도
확
터질 것 같은
벚나무
아래에서
나도
언제나
봄이고 싶었다

김윤지 작가 x 석당 윤석구
Calligraphy

나도언제나
봄이고싶었다.

별똥별

밤하늘의
별들도
싸우기도 하는가 봐
정답게 놀다
갑자기
별 하나가
뚝 떨어지는 걸 보면

김윤지 작가 x 석당 윤석구
Calligraphy

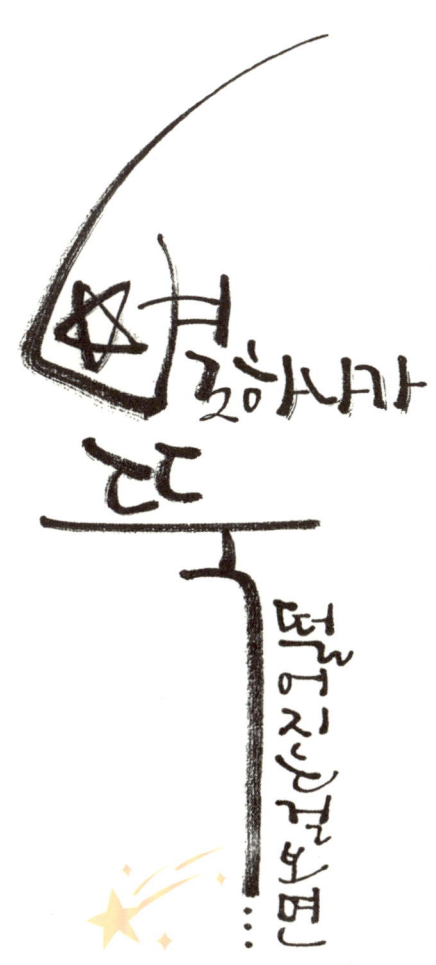

chapter 1

봄이 왜 짧은가 했더니

겨우네
움츠려 있던
봄바람이
어깨가 풀리니
여기저기
꽃망울 깨우느라고
바삐
날아다니더니
힘든지
그냥
휙 가버리더라

김윤지 작가 x 석당 윤석구
Calligraphy

봄바람 : "일어나, 꽃망울."

Chapter 1

부부 싸움

늙어서
부부 싸움은
재밌다
젊을 때는 힘자랑이었는데
이젠 힘이 없어
서로
중얼거리다
끝낸다

김윤지 작가　x　석당 윤석구
Calligraphy

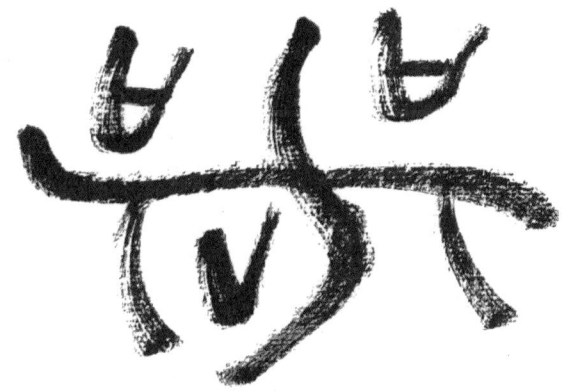

Chapter 1

뻥 같은데요

할머니는
내 동생이
넘어졌다 일어나도
아이쿠 잘했다
박자가
틀리게 불러도
잘한다 잘한다 한다
그런데
나한테 말씀하실 때는
고장이 나는 가봐

김윤지 작가 x 석당 윤석구
Calligraphy

잘한다 잘한다.
아이쿠. 잘했다.

산청골의 홍시

세상에
공짜 맛이 제일
좋다더니
그 말이 맞더라
산청골 홍시는 먼저 보는 사람이
주인이란다
근데 아침에 따온 홍시는
공짜 중에서도
가장 맛있는 공짜 더라

김윤지 작가
Calligraphy

x

석당 윤석구

Chapter 1

샘을 내요

엄마가 사다 준
빨강 우산 보고
해님이 샘이 나서
쨍쨍 빛나고

아빠가 사다 준
수영복 보고
구름도 샘이 나서
비를 뿌려요

김윤지 작가 x 석당 윤석구
Calligraphy

해님아 구름아.
그러지마요.

서시

어려서
하고 싶은 것이
많았다
그
래
서
그 아이는
지금도
그 꿈을
놓지 않고 있다.

김윤지 작가 x 석당 윤석구
Calligraphy

꿈

먹여서 하고싶은 것이 많았다.

그 아이는 그 꿈을

놓지 않고 있다.

Chapter 1

선풍기 바람

낮잠 자던
바람이
선풍기에 걸려들어

화들짝
놀래
허둥댄다

아이구
이렇게 빠른

뺑뺑이는
처음 보겠다

김윤지 작가 x 석당 윤석구
Calligraphy

선풍기바람

Chapter 1

손님

달밤에
강아지가
갑자기 짖어 대어
누가
왔나 했더니
개집 안에
달빛이 들어앉아 있더라

김윤지 작가 x 석당 윤석구
Calligraphy

개집 안에 담은 밤

chapter 1

엄마 생각

내가 아플 때
대신 아프고 싶다던
엄마
엄마가 아플 때
나는
그말 대신
약만 찾아다녔다

김윤지 작가 x 석당 윤석구
Calligraphy

Chapter 1

우와!

엄마는
세상에서
제일 좋은 게
뭐야?
바로 너야
우와!
나도 엄만데

김윤지 작가 x 석당 윤석구
Calligraphy

여름 소나기

길 가던
할머니 머리 위에
손수건이
우산이 되게 하고
집에 가는
학생
머리 위에
책가방이
우산이 되게 한다

김윤지 작가　x　석당 윤석구
Calligraphy

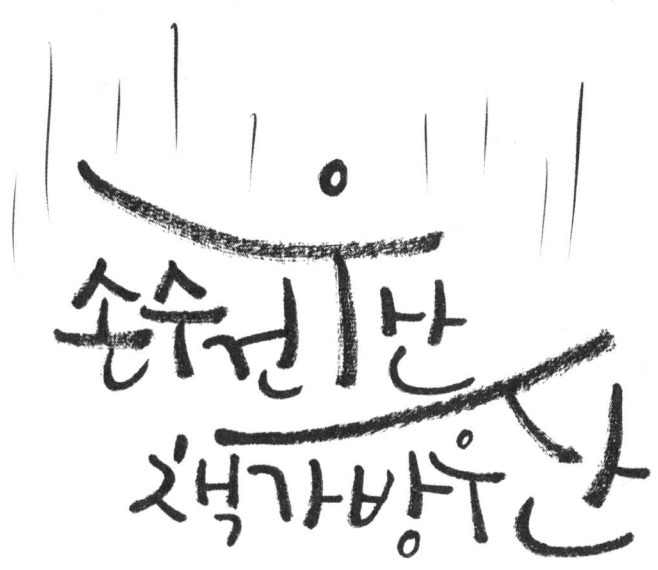

Chapter 1

줄넘기

폴짝폴짝
발에 걸릴까 봐
가슴은 두근두근
이마엔
땀방울이 송글송글
입 안엔
침방울이 땡글땡글
산 넘기나 줄넘기나
넘기는 어려워요

김윤지 작가 x 석당 윤석구

Calligraphy

폭짝폭짝
땡글 옹글옹글
땡글 두근두근

지리산 계곡에서

물소리
바람 소리
나뭇잎
흔들리는 소리
누가 더
좋을까 하는데
"아, 나도 있어요" 하고
새소리가
갑자기
끼어드네

김윤지 작가 x 석당 윤석구
Calligraphy

물.바람.나뭇잎.새
소리소리소리소리소리
지리산계곡에서

엄마의 가슴

세상이 온통 잠이 들어도
아가를 안은 엄마의 가슴은
홀로 온 밤을 지새우며 지킨다
세상이 온통 시끄러워도
아가를 안은 엄마의 가슴은
잔잔한 호수처럼 평화롭다
세상이 온통 어지러워도
아가를 안은 엄마의 가슴은
따뜻한 사랑의 교실이 된다

김윤지 작가 x 석당 윤석구
Calligraphy

엄마의가슴

온몸을지새며지키는가슴
잔잔한호수처럼편안한가슴
따뜻한사랑의교실이되는가슴
우리엄마의가슴

참 미련한 놈아

감기 너
매년 만나 주니까
좋아서
그런 줄 아니
이 미련한 놈아
그리 머리가 나쁘니

김윤지 작가　x　석당 윤석구
Calligraphy

Chapter 1

칭찬

너
꽃밭에
서 있을 때
보니
꽃보다 아름답더라
꽃은 그게 그거 같은데
너는
다르게
보이더라
허풍 아냐

김윤지 작가　x　석당 윤석구
Calligraphy

할아버지 은어

그거,
어딨어?
하면
할머니는 금방
알아듣고
거기, 하고
대답한다

김윤지 작가 x 석당 윤석구
Calligraphy

Chapter 1

해바라기

뜰 앞 그늘진 곳
해바라기
한 송이

등이 굽어서도
머리는
해만 바라보고 있다

겉으론
환하게 웃는데
가슴은
온통 까맣게 타버렸다

문득 어느 날
나는
아내를 보는 듯했다

김윤지 작가 x 석당 윤석구
Calligraphy

해바라기
아내

흥얼흥얼

동요는
떠오르기만 하면
금방
흥얼거려 준다
참 이쁘다
나이가 들어
발음이 나빠도
동요는
흥얼흥얼
잘도 따라 준다

김윤지 작가 x 석당 윤석구
Calligraphy

그대는 울었어

캘리그래피
조기종 작가

X

식당 윤석구

조기종 작가 x 석당 윤석구
Calligraphy

6월이 오면

6월이 오면

신록의
푸른 바람이
달다
밤꽃 향기가
설렘을 자극하고
장미는
심장을 태울 듯
달려 든다

조기종 작가 x 석당 윤석구
Calligraphy

Chapter 2

가을편지

어제는 은행잎에
노랗게 쓰고
오늘은 단풍잎에
빨갛게
불타오르듯
씁니다
어제는 그리움이었고
오늘은 고백입니다

조기종 작가 x 석당 윤석구
Calligraphy

고독

만남을 위한 기다림은
아름다운 고독이다

조기종 작가 x 석당 윤석구
Calligraphy

그냥쓴다

그냥 쓴다

나는 그냥 쓴다

쓰다 보니
시를 닮은것 같지만,

시라고 우기지 않는다

그래도
누가 시라고 하면,

쑥스럽고
즐겁다

조기종 작가 x 석당 윤석구
Calligraphy

그대 누구이기에

바람처럼
스쳐간 그 사람
지금 어디쯤 가고 있나

지나는
바람이었다면
스치지나 말지

가슴이
자꾸자꾸
울렁이고 설렙니다

세월 속에
묻어둔
별빛 같은 마음 나 어쩌라고

간절한
그리움과 기다림을
주고 있나요

그대 정말
누구인지
알고 싶어라

조기종 작가 x 석당 윤석구
Calligraphy

그때는 몰랐어

그때가 지금이라면
그대를 놓지 않았으리

그대가 떠난 지금
사랑인 걸 이제야 알았네

파도가 부서지던
바닷가 해변에서

속삭이던 너의 언어
그것이 사랑이란 걸

그대 떠난 지금에야 알았네
아~그리운 사랑이여 그리운 사랑이여

조기종 작가 x 석당 윤석구
Calligraphy

꿈도 허락받나

Chapter 2

꿈도 허락받나

너는
꽃을 좋아하고
나는 그런
너를 좋아하는데
오늘 밤
네 꿈 꿔도 되겠지
너, 그러고
싶으면
나 모르게 꿔라

조기종 작가 x 석당 윤석구
Calligraphy

사랑
봄 꿈

나희시에듬은

나의 시어들

머릿속에 맴도는
시어들이
저마다 예쁜 옷을 입고
서로 먼저 무대에 오르려고 다툰다
나는 어찌해야 할지
몰라
고민하고

조기종 작가 x 석당 윤석구
Calligraphy

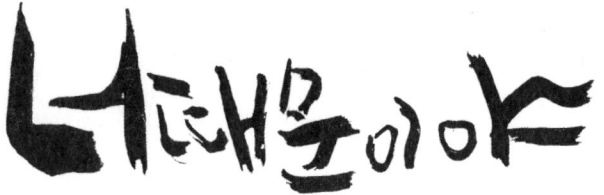

너 때문이야

향수 뿌리고 머리 만지고
옷 고르는 없었던 버릇이
생긴 것은 바로 너 때문이야

좋은 음식 만났을 때 같이 먹고 싶고
좋은 음악 들려올 때 같이 듣고 싶은
없었던 버릇이 생긴 것도 바로 너 때문이야.

조기종 작가 x 석당 윤석구
Calligraphy

민들레꽃

민들레 꽃

너, 참 예쁘다
그래
있는 그대로가
더 예쁜거야
아직도
못 나온 꽃들은
몸단장
하느라고
꿈지럭 거리나 보다

조기종 작가 x 석당 윤석구
Calligraphy

봄바람

꽃망울을
엿보는
바람 소리에
산과 들이
술렁거린다
복숭아 가지 끝
꽃망울 하나 먼저 나와
빨개져 가네
꽃바람나면 어쩌라고
봄바람
여기저기 온통 다
만지고 가네

조기종 작가 x 석당 윤석구
Calligraphy

살아보니

살아보니

아름다운
　꽃도
　　홀로
피어있으면
　외롭더라

흰 머리 소년의 끄적 끄적

조기종 작가 x 석당 윤석구
Calligraphy

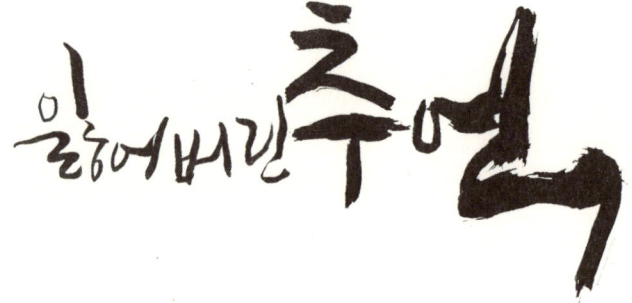

잃어버린 추억

잃어버린 추억

병실에 누웠던
엄마가
천정만 멍하니
처다보았다
도망가는 추억을
잡으려고
그때
그랬던 걸까

조기종 작가 x 석당 윤석구
Calligraphy

종이학

종이학

천 번째
날개 접는 날
그대에게 날아갈 것 같아
그리움 꾹꾹 담아
곱게 접는다

조기종 작가 x 석당 윤석구
Calligraphy

Chapter 2

짝사랑 1

사랑한다는 말보다
마음이 먼저 갔네

그대 대답 마냥 두려워
그대 눈빛만 살폈네

사랑한다는 말
끝내 못하고

빛과 어둠도 잃어버린 채
불속에 나비 되어 영혼을 사르네

처음은 그런건가요

조기종 작가 x 석당 윤석구
Calligraphy

처음은 그런 건가요

처음은 그런 건가요
그렇게 빨리 뜨거울 줄은 몰랐어요
그대를 처음 만나던 날
설렘과 호기심으로 세상이
온통 아름답게 피어날 줄은 몰랐어요

꽃이 예쁘고
단풍이 곱고
별과 달빛이 아름답게 보이는 것도
그대를 처음 만났을 때 같은
호기심과 설렘이 없었다면
아무런 의미가 없다는 것도 알았어요

벚꽃이 만개할 때
얼마나 좋으면 저렇게
세상이 좁다는 듯 온통 다 웃어 줄까 했는데
그대를 처음 만난 그때를 떠올리면

나는 그보다 더 크게 웃고 있었지요

첫눈 첫사랑 첫 만남
왜, 첫 생각만 하면
가슴이 울렁이고
설렘과 호기심이 샘솟는 걸까요
처음은 언제나 그런 건가요
그대가 아니어도 다 그런 걸까요

처음을 주고 간 그대
그대는 지금 세상에 없어도
처음이 다음으로 가지 못하고 있어요
처음은 다 그런 건가요
정말 그런 건가요 ?

조기종 작가 x 석당 윤석구
Calligraphy

첫눈

언젠가는
꼭
만날 것 같은
설렘이
바로
너였어

조기종 작가 x 석당 윤석구
Calligraphy

커피가 그리운 날

너를
생각하면
왜,
자꾸
이야기가
그립지

조기종 작가 x 석당 윤석구
Calligraphy

하얀 마후라

봄, 여름
그리고, 가을을 보내며
겨울을

기다린 건
바로
첫눈 같은

너,
너 때문이었어
한 올 한 올 흰 실 사이로 담긴

따스한 너의 손길이 있어
그랬지

계절의 모든

시간들 중에서도

겨울은 네가 있어 참 좋았어

겨울을
싫어했던 나
너를 만난 그해부터

겨울은
나의 비밀스럽고 행복한
이야기의 꽃밭이 되는 거야.

흰 머리 소년의 끄적 끄적 석당 윤석구 시집

초판 1쇄 발행 2023년 12월 25일

글 윤석구

펴낸곳 스토리그라운드

(17360) 경기도 이천시 증신로 25번길 75

T. 010.6834.3265

blog.naver.com/story-ground

instagram.com/light.story.ground/

ISBN 979-11-980536-6-4 03800

가격은 뒤표지에 있습니다.

이 책은 저작권법에 의해 보호를 받는 저작물이므로

무단 전재 및 무단 복제를 금합니다.

석당 윤석구 시집

흰머비소년의 끄적끄적